U0026327

財運大開

迎富送窮　招貴人　退小人

貔貅三寶

職場順利風水這樣擺就對了！

Unique Life——著

微調風水翻轉人生

　　一直以來，家裡玄關總擺放著一對貔貅，既像獅子又似麒麟，除了好看還有安定人心的作用。我想應該很多人跟我一樣，想過得灑脫但又在乎運勢，所以多少都會買些風水擺設，卻從沒細究過具體安放方法和功效，說穿了只是買來「擺心安的」。

　　我們總是婚喪喜慶看黃曆、居家裝潢留意風水，打聽老闆同事的星座血型，業績不好去行天宮、想中樂透到烘爐地，諸事不順時就批流年算運勢，或者乾脆買本命理風水書回家琢磨。其實風水是一門科學已是普世認同的觀點，只要願意花點心思、學點新知，來年我們的生活都可能可以更順利幸福。

　　今年，時報優活線編輯室希望能給讀者一套不一樣的風水書，在傳統出版同業發行的星座、命理、血型、塔羅……等書籍外，我們研發了一套最「完整」的風水書《財運大開貔貅三寶：職場順利風水這樣擺就對了！》讓「風水寶物」與「知識」一次到位完整呈現。

　　本書最大特色在於「聚焦」與「豐富」。聚焦，是指在包羅萬象的風水領域中，我們專注於「職場順利」這件事，蒐羅採編職場風水相關知識，讓您可以迎富送窮、招貴人、退小人。豐富，是指我們不僅提供一套精美小巧的「貔貅三寶」讓您擺設攜帶兩相宜，為強化效果，還附贈了「開運紅紙」「納財祈福日曆表」「開運居家風水講堂」等好禮。同時感謝中國嗣漢張天師府第六十五代張意將天師為本書錦上添花，惠賜「財神符」和讓祈願能順利上達天聽的「祈財疏文」。

　　華夏文化博大精深，風水命理知識更是綿延數千年，我們在編輯過程中謹慎求證，擔心對讀者有所誤導，特別邀請風水命理大師鄭雅勻為本書嚴格審定把關，讓我們得以順利出版這套最完整的風水寶物工具書。接下來，就讓我們打開書本，開始命運翻轉的微調工程吧！期待這套書能讓您職場順利、一路過關斬將升官發財。

優活線編輯總監

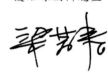

開運招財貔貅三寶
這樣擺才對！

貔貅在風水上的神奇妙用
招財進寶、鎮宅化煞

貔貅是中國古代傳說中的五大瑞獸之一（龍、鳳、龜、麒麟、貔貅）。相傳貔貅是龍的第九個兒子，因為幫助炎黃二帝作戰有功，被賜封為「天祿獸」，即天賜福祿之意；又因專為帝王守護財寶，成為皇室的象徵，所以也稱為「帝寶」。貔貅擁有龍頭、虎身和麟腳，毛色灰白，能飛翔，還會穿山破石，在天上負責巡視、阻止妖魔鬼怪、疾病瘟疫擾亂天庭。牠最喜歡吸食魔怪邪靈的精血，並能轉化為財富。

風水大師都推薦的招財法寶

傳說中，貔貅因為觸犯天條，玉皇大帝一氣之下，便懲罰牠從此只能以四面八方的金銀財寶為食，且吞萬物而不瀉，因此貔貅的肚子成了聚寶盆，象徵招攬八方財，只進不出的祥瑞聖獸。這也是很多人安放貔貅創造招財風水的最大原因。

此外，貔貅只要認定了主人，便會百般護衛討好，其中一個特別嗜好便是咬錢回來討主人歡心，並且幫助主人掌握權勢。所以風水老師總是推薦貔貅為招財、旺官運的第一首選吉祥物。

要特別注意的是，在安放貔貅時，請盡量一公一母成雙成對地擺設。這是因為在風水學中，公貔貅主財運負責招財，母貔貅主財庫負責守財，公母各司其職，便能為主人創造出「有財又有庫」的完美財運風水。

護主心切，轉禍為祥

貔貅的性情凶猛，專食猛獸邪靈，護主心尤其強烈。牠擅長鎮宅化煞，護佑居家平安，不受邪煞侵犯，故貔貅有另一個別名叫做「辟邪」。當屋宅四周有煞氣時，像是陰煞，如墳墓、荒廢空屋等，或是像天斬煞、屋角煞、穿心煞、病符星等各種有形和無形的煞氣，用貔貅來鎮煞化解的效果特別好。因此風水學者認為貔貅具有轉禍為祥的作用，而民間則普遍流傳「一摸貔貅運程旺盛，再摸貔貅財運滾滾，三摸貔貅平步青雲」的說法。

風水好物，聖獸貔貅

1. 貔貅對正財有極大助益，所以宜安放在公司或家中，協助拓展財源，穩定事業。
2. 除助正財之外，貔貅也是招偏財的最佳聖獸，能幫主人咬住錢財，只進不出。
3. 具有強大威猛的靈性，能保護主人，隨身配帶時，將貔貅正面朝外，即可解煞，加以改變磁場帶來好運。
4. 將貔貅安放於屋宅適當位置，不但可提升家運，也具有鎮宅之功效，是帶來吉祥的守護神。

開運招財貔貅三寶

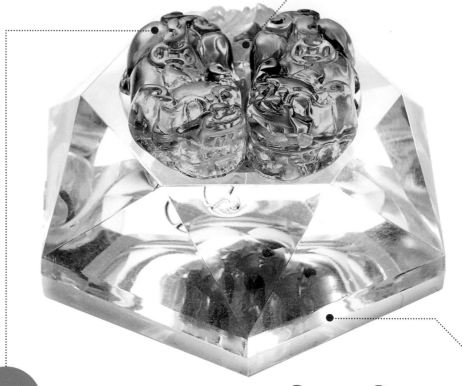

第一寶 招財黃貔貅

公 　 母

貔貅是風水學中的瑞獸，因以四面八方之財為食，吞萬物而不瀉，所以貔貅肚子就是一個聚寶盆，可招財進寶。

本書所附貔貅為單角貔貅，又名天祿，諧音同「添祿」。一公一母成雙成對，公貔貅負責招財，母貔貅負責守財。身軀和前腳各背、踩著一枚錢幣，且頭部微微偏斜，代表能守正財旺官運，並提升個人偏財運。

本書的黃貔貅是以佛教七寶之一的琉璃製成，即有招財避邪之效，再加上金黃琥珀色則是權利和財富的象徵，適合渴望成功、努力奮鬥的人。

由於貔貅通曉人性，在開光後會保佑祂第一個看到的人，所以本書所附的招財黃貔貅皆未開光。詳細開光方式請見 P.8。

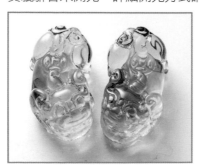

▲身上背著一枚錢幣

▲腳下也踩著一枚錢幣

第二寶　補運五色石

盤古開天後，天地萬物都是經由五行相生相剋而形成，五行乃是木生火，火生土，土生金，金生水，彼此相輔相成，環環相扣。

本書所附五色石即代表自然五行「木、火、土、金、水」。五行相生，時來運轉，可讓好運生生不息。同時，它也代表東、西、南、北、中的五大能量。因此，使用五色石除了能強化氣場，補個人五運之不足，還能運轉周圍財氣抓五方財。本書所附五色石已經過淨化，因此當您要安放時不必再清潔沖洗，請直接使用。

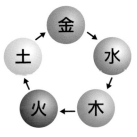

▶木生火，火生土，土生金，金生水，水生木，好運永生。

顏色	代表五行	象徵和作用
綠色	木	聚財、平穩心神
紅色	火	創意、行動力、好人緣
黃色	土	希望、金錢運
白色	金	淨化、化煞
黑色	水	轉運、避邪、專注力

第三寶　聚財七星座

為兩組等邊三角形，以相反方向交疊在一起後所形成的六角形盤座，形似風水學中能持盈保泰的七星陣形。在此盤座中心安放五色石和貔貅，可加強、凝聚貔貅的招財、鎮宅、避煞之能量。

本書所附七星座已淨化，可直接使用。

開運招財貔貅三寶

內容物：黃貔貅一對、五色石 10 公克、聚財七星座一座
產　地：中國
材　質：貔貅（琉璃）、五色石、七星座（壓克力）

如有非人為使用因素的破裂、毀損，請寄回出版社更換。

（一）開運招財貔貅三寶的開光方式

　　由於貔貅只忠於一主，開光之後會保佑牠第一個看到的人。所以本書所附的招財黃貔貅皆須由您本人親自開光。當您為貔貅開光時，建議最好只有自己在場，避免有第二、三人在旁側，以免開光後，貔貅不知道誰是主人。此外，開光是為了增加貔貅靈性，但主要還是得視主人信心是否足夠，是否心存善念，日常保養是否有真誠愛護。

　　為貔貅開光，請選擇吉日（吉日請見 P.27「納財祈福日曆表」），以下有三種常見的開光方式：

第一種：清水淨化法

1 將貔貅清洗乾淨。

2 將貔貅放入裝滿清水的乾淨容器中，浸泡三天。

3 取出後用乾淨的布巾擦拭乾淨。

4 由主人往貔貅的頭部呵一口氣，讓貔貅知道你是主人。

第二種：自然開光法

1 白天將貔貅放在陽台上或其他照射到太陽光的位置。

注意：
1. 夜間則放置在月光最容易照射到的位置。
2. 擺放 7 天後，貔貅吸取日月精華，可以提升招財和抗煞的能力，此為自然開光法。

第三種：神明開光法

1 在 P.35 紅紙上剪下兩個圓圈，黏貼在貔貅的腹部。

2 將貔貅放入紅包袋中。

3 請至陽廟祭拜神明，向神明稟告姓名、生辰、住址和欲祈求之事後擲筊，得到神明同意後即可於主神大爐上，以順時針繞 3 次。

注意：此方法主要是藉由神明之力為貔貅加持，宜一個月過 1 次爐火。若未得到神明允筊，可能表示神明不同意您所求之事或是時機未到，請秉守誠心、正道、為善之原則，擇下回吉日重新再求。

（二）開運招財貔貅三寶的組裝和安放方式

組裝方式

注意：本書所附五色石和七星盤座已消磁淨化，不必再經過其他加持程序，可直接開封組裝，組裝時請確保只有自己在場。

1 用 P.35 紅紙，剪一約 50 元硬幣大小的圓形，黏貼在七星盤座下。若您的桌面下有任何不祥的穢氣，這個步驟能加以淨化隔絕。

2 將五色石倒進七星盤座的圓槽，鋪平。

3 以您面對辦公桌的方向為準，將貔貅安放在五色石上。右腳在前為公貔貅，放在左邊（青龍邊）；左腳在前為母貔貅，放在右邊（白虎邊）。

安放方式

貔貅是愛睡覺的瑞獸，最好每天都可以摸摸祂、和祂說說話，讓祂可以出去幫你咬錢回來，因此呼應風水學中有句話：「龍怕臭，虎怕鬧」，貔貅便不能放置在虎邊，以免擾動虎邊安寧，反而壞了風水。要在辦公桌上安放貔貅很簡單，只要安放在辦公桌的青龍邊即可，也就是面向辦公桌的左手邊。選擇祈福日在上午 7 點到 9 點安放是最好的時段。

▶ **注意**：貔貅不須再用物品墊高，直接安放於桌面左側即可。

開運招財貔貅三寶安放宜忌

1. 安放在財位上 **OK** 若您的辦公位置有明財位或偏財位，亦可直接放在財位上，並將貔貅頭部朝向門和窗外。

2. 安放在收銀櫃檯上 **OK** 如果是生意場合，可以將開運招財貔貅三寶安放在收銀櫃台，並將頭部朝向門外或窗外，納食四方財。

3. 貔貅頭部朝向窗外 **OK** 若您的辦公室有窗戶，則可將貔貅的頭部面向窗外，象徵貔貅外出幫你咬錢回來。

4. 貔貅頭部正對門口 **NG** 網路上有一說是貔貅的頭部一定要正對門口，其實這是錯誤的說法。門雖然是「進財位」，但是門是門神和財神所職掌的，貔貅雖為瑞獸，但未達神格，因此安放貔貅時須「偏著放」，也就是朝向門的方向，但不可正對門口，才不會與門神和財神相沖。

5. 貔貅面對鏡子 **NG** 不少辦公室會在門旁裝設鏡子，當安放貔貅時，請注意不要直對鏡子，貔貅忌諱光煞。

6. 旁人撫摸觸碰 **NG** 由於貔貅會認主人，因此開光安放完成後，最好不要讓其他人碰觸。

（三）開運招財貔貅三寶的供養方式

　　一般來說，供養貔貅最好能在家中或自家公司、店面等場合進行較佳。當辦公室是開放空間，公開供養貔貅，難免會引人側目。因此，本書為辦公室族群提供較簡單的供養方式，但對於招財、鎮宅、避煞等開運效果是絲毫不減的。

陰陽水供養法

所謂的陰陽水即為生水和熟水。陰水為自來水，象徵偏財；陽水為開水，象徵正財。藉由吸收大自然的生命之源，能讓貔貅更有靈性。

1 貔貅安放完成後，可先由前向後摸一下公貔貅的頭部，接著再摸一下母貔貅的頭部。

2 準備一水杯，於杯中斟入的「陰陽水」，即一半自來水，一半開水。

3 置於開運招財貔貅三寶前方，注意水杯不可以高過貔貅的嘴巴。

注意：
1. 請保持水杯中的水乾淨充足並每天換水。建議於每天一早到公司上班時即可換水。（上夜班者則可中午12點後換水）
2. 若不方便每天進行陰陽水供養法，也可以簡化為「周休供養」。於周末下班前放置陰陽水供養，讓貔貅在周休時能吸取大自然陰陽之水氣來提升靈性。

撫摸供養法

貔貅習性喜歡睡覺，所以每天可以把祂取起來摸一摸，玩一玩，好像要叫醒祂一樣，讓祂幫你帶來好運道。

注意：
1. 貔貅用眼睛來尋財，嘴巴吃財，所以在撫摸時最好避開整個面部。
2. 貔貅忌血煞、胎煞，女性在月事期間或懷孕時應避免撫摸貔貅。

1 貔貅安放完成後，可先摸一下公貔貅的頭部，接著再摸一下母貔貅的頭部。

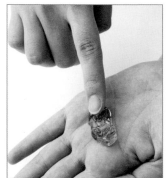

2 接著，每天可以取起貔貅放在手中，由前向後撫摸貔貅背脊到屁股三回，心中默念「守財、聚財、招財」。

3 心誠則靈，除了默念「守財、聚財、招財」，也可對貔貅表達感謝或向祂許願。

（四）開運招財貔貅三寶的清潔方式

貔貅沾染髒污或別人觸摸，最好使用海鹽（粗鹽）水清洗，千萬不要用洗潔劑或漂白劑等產品。如果沒有其他特殊情況，建議在每年農曆 2 月 6 日、6 月 2 日、7 月 14 日和 9 月 12 日的中午 11 時到下午 13 時清潔最佳。清潔前，請先向貔貅打聲招呼，說明因為某某原因，現在要幫祂淨化。

1 準備海鹽（粗鹽也可以）、乾淨的布巾。將適量海鹽溶解在一般水中，容器材質不拘。

2 跟貔貅打招呼後，將貔貅從五色石和七星盤座上，移請到海鹽水中，水量只要能夠把貔貅淹覆即可。

3 浸泡約 3 分鐘後即可取出，用乾淨的布巾擦拭乾淨即完成。

注意：
1. 清潔完成後，可將貔貅放入紅包袋中，至陽廟的神明大爐順時針繞香火 3 圈後，再重新安放。
2. 如果只是沾染到一點髒污，也可以使用刷子沾海鹽水稍做清潔。

（五）不安設時的收藏方式

當不安放貔貅時，可先告訴貔貅原因，並感謝祂這段時間的陪伴和協助。接著懷著感恩的心將貔貅放入紅包袋中，或是以紅紙包起來。五色石和七星盤座也分別用紅紙包裹收藏。

開運招財貔貅三寶
的進階催旺法

貳

 # 紅包祈福法，好運平安袋中存

由於古錢幣外圓孔方，象徵「天圓地方」，再刻鑄運勢興盛的當朝帝號，因此有「天地人」三才之功。同時五帝錢也配合先天河洛之取五為生，尤能召五路財神進財納福。就五行生剋而言，「五」是為「土」，土可生金，而古錢幣又是以金屬「銅」鑄造而成，所以具有招財納氣之能！

（一） 準備材料：紅包袋一只、招財符、五帝錢五枚（順治、康熙、雍正、乾隆、嘉慶）、黑色簽字筆（下方符圖為示意圖）

1 在紅包袋上從右到左，依序寫上姓名、生辰、目前的居住地址、接著寫上想要祈福的願望。

2 將招財符和五帝錢放入紅包袋。

3 黏封紅包開口再對摺，壓放在招財貔貅三寶開運座下，增加財富。

（二） 準備材料：紅包袋一只、百元鈔票一張、黑色簽字筆

1 在紅包袋上從右到左，依序寫上姓名、生辰、目前的居住地址、祈福願望，接著寫一「滿」字。

2 將百元鈔票放入紅包袋。

3 黏封紅包開口再對摺，壓放在招財貔貅三寶開運座下，增加財富。

注意：一周後即可將此裝放有百元的紅包袋取出，可放進皮夾、公事包隨身攜帶。

② 財符催財法，加速產生旺財效應

親至財神廟以誠心正道求請招財符後，可以配合以下步驟讓貔貅和招財符相輔相成，生旺招財進寶之靈氣。（下方符圖為示意圖）

準備材料：招財符2張

1 至財神或土地公廟，誠心地向神明祈求心願後，將招財符在主爐上順時針繞三圈過香火。

2 將招財符對摺2次後（也可以折成八卦），放置在招財貔貅下。

注意：除了可將招財符長期置放在貔貅下之外，也可於7日後將招財符放入皮夾隨身攜帶。

③ 對我生財法，讓貔貅更加護主心切

前文介紹中提到貔貅有「認主」的特性，因此將載有公司名稱、地址和個人資訊的名片置放在貔貅眼皮下，除了招財也能加強貔貅的「護主之心」，聰明預防小人煞。

準備材料：名片一張

1 在名片背面寫上「對我生財」（上）。如果名片是雙面的設計，建議寫在姓名資訊的那一面。（下）

2 將名片放在招財貔貅三寶開運座前方，姓名朝上，讓貔貅無論招財或守財，隨時可以看到主人的名字、聯絡方式和辦公室地址。

注意：將名片壓在招財貔貅三寶開運座下，也是象徵招財的好方法。

4 錢母催財法，以錢養錢生生不息

所謂錢母除了是從財神廟求來的發財金之外，您也可以進行下列步驟自製，或將錢母紅包袋攜至財神廟，取得神明同意後過爐加持，加持時同時默念：錢母換錢子，小錢滾大錢。

準備材料：紅包袋一只、三個50元硬幣、一個10元硬幣、一個5元、三個1元、黑色簽字筆

1 在紅包袋上從右到左，依序寫上姓名、生辰、目前的居住地址、接著寫上想要祈福的願望，寫好備用。

2 先於容器內倒入一半生水、一半開水，製作陰陽水。

3 將全部錢幣放入陰陽水中清洗乾淨。

4 用乾淨的布巾或衛生紙將洗好的錢幣擦乾。

5 將168元（一路發）錢幣放進步驟1的紅包袋中。

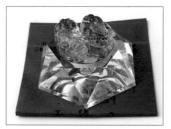

6 最後將紅包開口黏封好再對摺，壓在招財貔貅三寶開運座下，增加財富。

5 貔貅隨身配帶法，不管到哪都招財

帶著貔貅出門主要是讓祂可以時時為您招財、避煞，基本上沒有禁忌，心誠則靈。不過若您想要配掛在手腕上，那麼可循「男左女右」的原則，並讓貔貅的頭部朝向外側。

準備材料：普通紅線或編織紅線一條

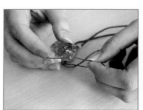

1 將紅線一頭穿過貔貅嘴部下方的洞口，另一頭穿過尾巴的洞口，打結固定。

2 將穿好貔貅的紅線配戴在手腕上，注意貔貅頭部應朝外。

3 也可直接放在上衣、外套的左邊口袋，或是收在皮包裡。

強化職場風水，
財運好人緣好！

在本章節如見 三寶 標示，即代表可使用「開運招財貔貅三寶」
加以化解或強化運勢。

① 檢查你的辦公室風水

對大多數上班族而言，在公司的時間幾乎跟在家裡所差無幾，因此，千萬別忽略職場風水的重要性。透過適當的辦公室布置和自我辦公桌的物品擺飾，好風水絕對可以助你一臂之力。

（一）職場風水宜忌

我們常看到有人會在辦公空間安置開運吉祥物，像是本書所附的開運招財貔貅三寶，或是開運植栽、聚寶盆或風水魚缸等，都是有助於工作順利的風水擺飾。除此之外，還有一些辦公室風水宜忌和化解方式也值得參考！

1. 辦公桌對門，禍從口出

辦公桌對著門口，人來人往除了會讓人缺乏安全感，尤其如果是坐在第一個，難免不會被當成總機或服務台，工作節奏不斷被打斷，專心度大幅降低。以風水的角度來看，門的開口就代表「朱雀」開口，也象徵著口舌是非。

化解提案 建議你可以在辦公桌前方擺一盆綠色闊葉盆栽，幫你隔絕紛擾和小人。

2. 辦公桌面對電梯，升遷不利

辦公桌面對電梯門，除了有「對門」容易招來口舌是非的疑慮之外，電梯時時開關、升降也會干擾工作情緒，出錯的機會自然就比別人來得高。而且，在風水學上，電梯、樓梯都是一種煞氣，象徵著運勢起伏不定，容易讓人急躁。

化解提案 如果無法更換座位或座向，建議你除了擺放綠色闊葉盆栽，也可以設置屏風遮擋，讓氣流可以緩衝，不會直接影響到你。

▶原本對門和電梯的辦公桌，加高屏風後可以隔絕煞氣，化解口舌紛爭。

3. 牆角太多，如利刃傷人

在風水學上，每一個凸出的牆角都有如一把利刃，稱為「壁刀煞」。除了影響健康之外，尖銳的氣場會讓共事者缺乏耐心，議論談事不斷起口角紛爭。此外，陽宅風水講究格局方正，凸出的牆角不但使物品擺設困難，人員出入動線也不佳。

化解提案 由於水晶有擋煞招好運的作用，建議將水晶圓球擺放在牆角邊，化解尖銳的煞氣。

壁刀煞

▶座位後方有「壁刀煞」威脅，容易有意外血光之災。

4. 座位正對或鄰近洗手間，財運受阻

以風水學來說，洗手間屬於不潔的空間，即使你有再好的財位，成天遭受穢氣（煞氣）瀰漫流竄也是徒然。尤其洗手間也屬於人員出入頻繁之處，長期在此辦公，會影響心情和健康。

化解提案 若無法更換座位，建議擺放一株大型盆栽或加裝屏風或門簾，建立阻隔體。

5. 座位後方為窗，無依無靠 忌

　　座位後方有窗戶，固然有景觀開闊的優點，但也相對容易讓人覺得沒有安全感。尤其在風水學中，座位後方沒有實牆就代表「背後無靠」，象徵孤立無助，可能出現同事之間各做各的事，無法同心團結的情形。

化解提案 加裝窗簾，不但創造出「有靠」風水，也能避免窗戶反射到螢幕產生眩光。此外，如果你的窗前有櫃子，也可在櫃子上擺放書籍或仙人掌小盆栽。

▲雖然座位後方為窗，但是加裝窗簾後，成功化解「見空」危機。在櫃上擺放書籍，也象徵「把智慧當作靠山」。

6. 座位後面是走道，事難順心 忌

　　座位後方為走道，也是屬於「無靠山」的風水，許多上班族的座位都有此情況。除了易有工作無援的情形，背後空蕩蕩的或總是有人走過來晃過去，會讓人心有旁騖，無法專注，工作進度也容易落後。

化解提案 最方便的方式建議可在座位後方掛一件較具分量感的外套，穩固位子的氣場。也可以準備五帝錢（順治、雍正、康熙、乾隆、嘉慶），放進靠枕的枕套中。以上兩種方法都是很聰明的化解方式。

▲座位後方是走道，工作效率易受影響。

辦公座位好風水的要素

1. 後有「靠」

一般來說，良好的辦公座位風水首重「前有明堂，後有靠山」，但是對大部分領人薪水的上班族來說，前有明堂大多是主管級才有的格局，那麼請至少依照前述的方法，幫自己創造靠山風水吧！

山水畫

▲辦公桌前方的空間擺放會客桌椅，可活絡人脈，若是在牆面掛一幅山水風景畫，也能創造前景開闊的好運風水。

2. 座位不正對上方空調風口

大多數的辦公環境天花板都有規劃空調出風口，若你的頭頂上方正對風口，可不代表「心涼脾透開」，風水學中，冷風好比陰風，而且直襲腦門，長期下來對健康造成不好的影響，所以還是稍微挪移風口位置或是加以遮蔽。

3. 辦公桌為吉數尺寸

用文公尺測量桌長，看看是否為吉數。

4. 辦公桌上方整齊乾淨

雖然沒有「明堂」，但是學會收納，不把雜物堆得比天高，桌子上方維持乾淨整潔，即象徵工作阻礙總能一掃而空，也代表你很有紀律尊重公共空間，老闆可都會默默注意這些小細節的喔。

三寶 5. 座位在明財位

入門的 45 度角即為明財位的位置，可以擺設本書所附的**開運招財貔貅三寶**、晶洞或聚寶盆等招財寶物來藏風納氣，催旺財運。如果大門在中間，那麼對角的兩側皆為明財位，可得好好運用。

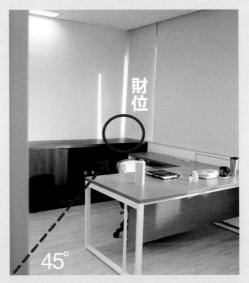

財位

45°

▲財位加裝窗簾，可避免「財位見空」，再安放晶洞或聚寶盆可以加速催旺財氣。

6. 個人垃圾桶放於辦公桌底的右邊

在風水上有「左青龍，右白虎」和「龍怕臭，虎怕鬧」的說法，可做為個人辦公座位的風水依據。因此許多風水老師都建議，將垃圾桶放置在辦公桌底的右邊（虎邊）。這點很容易就可以做到，請試試看吧。

▶將垃圾桶放置在辦公虎邊（右邊）。

（二）辦公桌的最佳布置原則

既然辦公座位無法擇己所愛，那麼至少得好好規劃自己可以做主的辦公桌面。正所謂「桌面如人面」，一張整齊潔淨、資料物品擺放得宜的桌子，不但給人有條不紊的好印象，也能大幅增加工作效率。那麼，到底什麼樣的桌面布置才是好的桌面風水，又符合工作動線管理呢？首先，讓我們先了解以下幾個基本原則：

1.「左青龍，右白虎」

要判斷座位的龍邊和虎邊，須以面對辦公桌的方向為準。左手邊即為「龍邊」，右手邊為「虎邊」。如果你的座位是 L 型，那麼就是以面向主要工作桌為判斷依據。以此龍虎邊判定為據，再加上中國傳統對瑞獸的習性認知，又衍生出以下幾項。

2.「龍動虎靜」

龍邊通常放置較常使用的物品。除此之外，風水學上有一說，「青龍開口，金銀萬斗；白虎開口，有路難走。」因此許多風水老師幫人堪輿辦公室時，總會建議把座位左邊規劃成出入口。此外，虎重山林、龍喜水，因此象徵「水道」的走道在左邊，也有助提升運勢。

▲座位開口在左，「青龍開口，金銀萬斗」。

3.「龍怕臭、虎怕鬧」

我們在上一個章節提到可將垃圾桶放在座位右邊，依據的就是這個原則，以此類推，可將電話、手機可放置在桌面左方。一方面不驚動到「老虎」，另一方面電話響起時，直接以左手接拿話筒，右手執筆記錄內容，合乎多數人的工作動線。

4.「龍高虎低」

龍邊代表「水」，而水往低處流，所以有「龍高虎低」的說法。那如何在桌面布置貫徹「左高右低」原則呢？將具高度的檔案夾、桌上型收納櫃放在左邊，營造一個具象的開闊桌勢。如果空間足夠，也可以在左邊擺設較高的置物櫃，就能積極創造好運道。

▲辦公桌的左側隔板高於右側，營造「龍高虎低」的好風水。

了解龍虎邊的基本規則後，我們可以將桌面分為左、右、中三等分，見下表。

辦公桌面物品擺設一覽

左方（龍邊）	中間	右方（虎邊）
放置常用、有高度和會發出聲響的物品。	保留主要工作空間，保持乾淨。	可放置較不常用的物品。
電話、手機、水杯、具高度的擺設（如資料夾、收納櫃）、風水吉祥物。	螢幕、鍵盤。	較不常用的書籍文件。桌下放垃圾桶。

職場步步高升風水

（一）文昌位

談到職場風水，最被大家關心的總是如何催旺「財位」，但是身為一般上班族，座位通常不會在財位上，更別說有財位的布置權。那麼，要如何打造出個人辦公桌的旺運風水呢？

你可以試試文昌位

一般而言，文昌象徵學業、考運，也代表判斷力、分析力和智慧的結合，而在風水學中，文昌是功名和升官的代表，對個人事業有很大的影響，所以催旺文昌位就是催旺事業運、好好運用它，可以使人謀事順利，幫助你具體規劃出目標和執行方案。

個人文昌位這樣看

要找出個人的文昌位，可以依四柱八字中，年柱的天干為主要依據。例如：（農曆）51 年出生，年柱為壬寅年，天干即為「壬」，而「壬」的文昌位就是東北方。如果不清楚自己的出生年次的年柱為何，也可以利用年次的個位數來找出文昌位，如下表：

年　　次 個 位 數	0	1	2	3	4	5	6	7	8	9
年柱天干	辛	壬	癸	甲	乙	丙	丁	戊	己	庚
文 昌 位	北方	東北方	東方	東南方	南方	西南方	西方	西南方	西方	西北方

三寶 利用辦公桌的文昌位創造好運

找出文昌位之後，即可對應辦公桌面，在自己的文昌位上安放適當的風水吉祥物，如紫水晶、開運竹或四枝文昌筆。我們更建議將本書的「**開運招財貔貅三寶**」放在個人專屬文昌位，催旺事業運更有效！

桌面文昌位示意圖

西北方 （年次個位數：9）	北方 （年次個位數：0）	東北方 （年次個位數：1）
西方 （年次個位數：6、8）	辦公桌文昌位	東方 （年次個位數：2）
西南方 （年次個位數：5、7）	南方 （年次個位數：4）	東南方 （年次個位數：3）

注意：桌面文昌位在南方者，可將風水吉祥物放於桌面下的抽屜。

（二）人財兩得的升遷風水

想要提升業績、掌握豐沛的人脈，同事相處和睦又得上司賞識，除了利用前面介紹的辦公室、辦公桌基本布置原則打好運勢基礎，再透過用簡單的擺飾就能讓風水助你人財兩得。以下列舉幾項上班族最常見的問題和解決方法。

問題一：不受賞識，加薪無緣

希望上司看見你的努力替你加薪，除了要提升自己的專業能力之外，獲得「上司緣」也很重要。有的人在一家公司工作好幾年，沒出什麼紕漏，薪水卻原地踏步，而有的人工作一年，就有高升機會。如果你屬於前者，那麼可以試試以下這些方法來改善你在上司心目中的印象。

1. 選擇背後有靠牆的座位，象徵事業有靠山。接著在象徵貴人方位的座位左邊擺一株闊葉常綠盆栽，高度大概與座位同高。若能放桂花樹更好！

2. 如果座位後方見空，沒有靠牆，那麼可以準備 168 元硬幣，先用陰陽水淨化後（可參考 P.10 的步驟），放入金色或黃色的小布囊，再收進左邊的抽屜。若能再加入三枚乾隆的古錢，加薪效果更優！

3. 也可以在辦公桌的文昌位安放本書的**開運招財貔貅三寶**，如前所述，貔貅是招財祥獸，能夠加快運轉財運。

問題二：每份工作都做不長久

無論從事什麼工作，都做得不長久嗎？處理此問題前，不妨也靜心思考是否與自己的個性、抗壓力有關，或者做事不得要領。如果工作不長久、不穩定，總是覺得不踏實、適應不良、躁動不安，除了應該進修專業以加強自信，也建議你嘗試透過以下方式來建立安定感。

1. 紫水晶有穩定、安心的作用，你可以隨身攜帶一個紫色水晶，水晶球或水晶柱皆可，開發你的智慧，讓你能清楚冷靜判斷思考。

2. 平日所使用的辦公用品，例如筆記本、資料夾也請盡量選擇紫色的。

▲ 選擇紫色的辦公桌隔板，能提高工作穩定度。

問題三：下屬軟爛不聽話，以下犯上

不只小上班族問題一籮筐，身為主管的你想必也有不為外人知的煩惱。最常遇到的就是「三明治主管」上有頂頭上司，下有部屬，一方面得背負大老闆的壓力，一方面又得帶領下屬跟著你的思維理念拓展業務。試試下面的方法讓屬下成為你的得力助手，一起完成任務。

1. 在辦公桌面的個人文昌位（請見 P.21 個人文昌位）放置一座「琉璃獅咬劍」的紅色文鎮，或是直接安放本書所附的**開運招財貔貅三寶**，加強領導力防止部屬以下犯上。

2. 前面介紹到在座椅披掛一件外套（請選擇較具專業感的款式），能提升在公司的重要性，用於此處，也能讓你對部屬說話更具分量有說服力。

問題四：同事之間明爭暗鬥，勾心鬥角

　　在各種職場的困擾中，同事相處幾乎是每個人都無法避免的問題。有的是為了爭功彼此勾心鬥角；有的是貌合神離，各做各的事甚至推卸工作；有的則是你不想加入戰場，有時卻也不得不靠邊站，成為箭靶之一。職場如戰場，面對這些腥風血雨要怎麼改善呢？

1. 在辦公桌上放置粉晶。粉晶有強化人緣，消除周遭敵意的效果。最好能選擇圓球狀，象徵處事圓融，也能減少口舌是非。

2. 選擇粉紅色的辦公物品。

　　除了同事角力鬥爭問題，還有一種「格格不入」「悲情小媳婦」型，也就是受到同事排擠。老是覺得跟團隊成員的想法觀念不同，沒有人懂你，但無奈形勢比人強，很多時候也只能默默聽話。或是因為個性較內向害羞，無法融入團體生活，也可以利用「粉紅色的力量」改善。

問題五：事倍功半，終日忙茫盲！

　　許多上班族為了完成公司交辦事務，一個人當兩個人用，加班趕進度成為常態，也沒有同事能夠幫上忙。不過在應用風水的方法改善情況前，可以暫時放下手邊工作思考：是否因為自己上班常分心、做事不得要領，或是負責業務太重、外務過多，那麼也許跟主管討論商量是更快的方法。

1. 易經卦象的北方為「坎卦」，主勞動；南方為「離卦」，主進財。因此，辦公桌的北方請勿擺放有水的物品，如魚缸或水生植物盆栽。

2. 在辦公桌北方擺放有電的的物品，例如手機、MP4 或相機，重點是要常常使用它。

3. 在辦公桌南方擺放繫上黃緞帶的開運竹。2、3點一起執行效果更好。

❸ 抽屜裡的好運道！職場隱形風水

生活離不開工作，無論從事什麼職業，自我成長提升、同事的相處或是與上司的應對進退，都是人生中重要的學習。想要安安穩穩、永續經營，除了付出相對的努力，良好的辦公風水也能發揮極大的輔助。前面幾章，我們已經介紹了如何在個人辦公空間限制中，打造出適合自己的事業旺運風水。但是，相信也有不少人擔心同事側目，不想昭告天下般表現出「我要好運，我要防小人」，或是服務的機構或主管，不希望員工明目張膽的擺設風水開運吉祥物。下面就來介紹「職場隱形風水」，針對問題利用各種方法將開運擺飾納於無形，為你創造低調的好運道！

（一）保財祕法

如果想要維持事業現況，那麼可以嘗試以下兩種方式：

1. 選擇一個祈福日，將代表順治、康熙、雍正、乾隆、嘉慶的五帝錢固定在抽屜的四個角落和中間位置。固定順序請由左下至右下，並以順時鐘方向擺放。讓古帝錢的力量穩固你的事業財氣。

 2. 利用本書所附的**開運招財貔貅三寶**中的五色石，再加 66 元硬幣（一個 50 元、一個 10 元、一個 5 元、一個 1 元），一同放進金色或黃色的小布袋中，接著放進左下方抽屜。

（二）加薪祕法

希望新的一年能加薪，可以準備紅包袋一只、紅紙一張、小玻璃瓶一個。

首先在紅紙上寫下加薪願望，加薪範圍須合理。翻面再寫下自己的姓名和出生年月日，裝入紅包袋後放進玻璃瓶，置於室外照射陽光三日三夜，接著選擇祈福日，將裝有紅紙的玻璃瓶帶到公司，收在辦公桌左側抽屜，即可期待心想事成。

（三）保位祕法

職場競爭壓力大，擔心位子不保，可以使用龍銀來護身保位。

準備一枚或四枚龍銀，攜至陽廟的主爐過香火，並像神明稟報姓名、生辰和工作地點。

1. 選擇一祈福日將一枚開光後的龍銀安放在辦公桌前緣，龍頭一定要在上方。
2. 選擇一祈福日將四枚龍銀安放在辦公桌四個腳下，龍頭朝上。

▶龍銀是清末民初時期流通的銀幣，因為上頭鑄有龍的圖案，只要經過開光，就能強化氣勢並催旺官位。

（四）防小人祕法

最常見的防小人方法，無非是擺放仙人掌盆栽，不過並不是放得越多越有效，正確的方式應該是在座位的後方放一盆，就能避開是非謠言、小人中傷。除此之外，也可以在桌下的抽屜擺放黑曜石，除了防小人也有避邪的功能。

▶此為以黑曜石雕刻而成的貔貅，防煞效果加倍。

（五）招貴人祕法

想要在職場左右逢源，讓工作更輕鬆，除了前一節提到在座位左手邊擺放一盆桂花樹之外，主交際的向日葵和香水百合也很適合放在辦公桌的左手邊，可以為自己帶來更多貴人。不過要注意的是，一定要使用綻放中的鮮花，一旦枯萎凋謝就須替換，否則會有反效果。

此外，在辦公桌的左邊擺放方型的物品，如計算機、話機；在右邊擺放圓形物品，打造出「左方右圓」的隱形風水擺設，都是可以招貴人讓工作更加得心應手的方式。

▲除了辦公物品依「左方右圓」的原則擺設，也可以運用方型桌和圓型桌來打造好人脈風水。

肆

五大好運禮和
使用方法

納財祈福日曆表 （民國104年歲次乙未年）

國曆	農曆	時辰	對照時間
2/23	正月初五	丑卯巳	01：00 至 03：00 05：00 至 07：00 09：00 至 11：00
2/24	正月初六	寅午	03：00 至 05：00 11：00 至 13：00
2/26	正月初八	寅辰	03：00 至 05：00 07：00 至 09：00
2/28	正月初十	子辰	23：00 至 01：00 07：00 至 09：00
3/1	正月十一	丑卯	01：00 至 03：00 05：00 至 07：00
3/2	正月十二	子辰午	23：00 至 01：00 07：00 至 09：00 11：00 至 13：00
3/4	正月十四	子寅午	23：00 至 01：00 03：00 至 05：00 11：00 至 13：00
3/8	正月十八	寅辰	03：00 至 05：00 07：00 至 09：00
3/9	正月十九	丑卯巳	01：00 至 03：00 05：00 至 07：00 09：00 至 11：00
3/12	正月廿二	子辰午	23：00 至 01：00 07：00 至 09：00 11：00 至 13：00
3/14	正月廿四	子寅午	23：00 至 01：00 03：00 至 05：00 11：00 至 13：00
3/19	正月廿九	丑卯	01：00 至 03：00 05：00 至 07：00
3/21	二月初二	丑卯	01：00 至 03：00 05：00 至 07：00
3/24	二月初五	子寅午	23：00 至 01：00 03：00 至 05：00 11：00 至 13：00
3/26	二月初七	寅午	03：00 至 05：00 11：00 至 13：00
4/1	二月十三	子辰午	23：00 至 01：00 07：00 至 09：00 11：00 至 13：00
4/2	二月十四	卯巳	05：00 至 07：00 09：00 至 11：00
4/6	二月十八	丑巳	01：00 至 03：00 09：00 至 11：00
4/9	二月廿一	子辰	23：00 至 01：00 07：00 至 09：00
4/11	二月廿三	子午	23：00 至 01：00 11：00 至 13：00

國曆	農曆	時辰	對照時間
4/18	二月三十	丑卯巳	01：00 至 03：00 05：00 至 07：00 09：00 至 11：00
4/23	三月初五	子寅午	23：00 至 01：00 03：00 至 05：00 11：00 至 13：00
4/27	三月初九	子寅午	23：00 至 01：00 03：00 至 05：00 11：00 至 13：00
4/30	三月十二	丑卯	01：00 至 03：00 05：00 至 07：00
5/3	三月十五	子寅午	23：00 至 01：00 03：00 至 05：00 11：00 至 13：00
5/6	三月十八	丑巳	01：00 至 03：00 09：00 至 11：00
5/9	三月廿一	子辰	23：00 至 01：00 07：00 至 09：00
5/10	三月廿二	丑卯	01：00 至 03：00 05：00 至 07：00
5/12	三月廿四	卯巳	05：00 至 07：00 09：00 至 11：00
5/13	三月廿五	子寅午	23：00 至 01：00 03：00 至 05：00 11：00 至 13：00
5/15	三月廿七	寅午	03：00 至 05：00 11：00 至 13：00
5/18	四月初一	丑卯	01：00 至 03：00 05：00 至 07：00
5/21	四月初四	子辰午	23：00 至 01：00 07：00 至 09：00 11：00 至 13：00
5/24	四月初七	丑卯巳	01：00 至 03：00 05：00 至 07：00 09：00 至 11：00
5/25	四月初八	寅午	03：00 至 05：00 11：00 至 13：00
5/27	四月初十	寅辰	03：00 至 05：00 07：00 至 09：00
5/30	四月十三	丑卯	01：00 至 03：00 05：00 至 07：00
6/2	四月十六	寅午	03：00 至 05：00 11：00 至 13：00
6/3	四月十七	卯巳	05：00 至 07：00 09：00 至 11：00
6/9	四月廿三	丑卯	01：00 至 03：00 05：00 至 07：00

國曆	農曆	時辰	對照時間
6/12	四月廿六	子寅午	23：00 至 01：00 03：00 至 05：00 11：00 至 13：00
6/18	五月初三	子辰	23：00 至 01：00 07：00 至 09：00
6/24	五月初九	寅午	03：00 至 05：00 11：00 至 13：00
6/27	五月十二	丑卯巳	01：00 至 03：00 05：00 至 07：00 09：00 至 11：00
6/28	五月十三	子辰	23：00 至 01：00 07：00 至 09：00
6/30	五月十五	子辰午	23：00 至 01：00 07：00 至 09：00 11：00 至 13：00
7/3	五月十八	丑巳	01：00 至 03：00 09：00 至 11：00
7/10	五月廿五	子辰午	23：00 至 01：00 07：00 至 09：00 11：00 至 13：00
7/14	五月廿九	寅午	03：00 至 05：00 11：00 至 13：00
7/16	六月初一	寅辰	03：00 至 05：00 07：00 至 09：00
7/19	六月初四	丑卯	01：00 至 03：00 05：00 至 07：00
7/22	六月初七	子寅午	23：00 至 01：00 03：00 至 05：00 11：00 至 13：00
7/23	六月初八	丑卯巳	01：00 至 03：00 05：00 至 07：00 09：00 至 11：00
7/26	六月十一	寅辰	03：00 至 05：00 07：00 至 09：00
7/23	六月十二	丑卯巳	01：00 至 03：00 05：00 至 07：00 09：00 至 11：00
7/28	六月十三	子	23：00 至 01：00
8/3	六月十九	寅午	03：00 至 05：00 11：00 至 13：00
8/8	六月廿四	丑卯	01：00 至 03：00 05：00 至 07：00
8/9	六月廿五	子午	23：00 至 01：00 11：00 至 13：00
8/10	六月廿六	卯巳	05：00 至 07：00 09：00 至 11：00
8/16	七月初三	丑卯巳	01：00 至 03：00 05：00 至 07：00 09：00 至 11：00
8/19	七月初六	子辰午	23：00 至 01：00 07：00 至 09：00 11：00 至 13：00

國曆	農曆	時辰	對照時間
8/20	七月初七	巳	09：00 至 11：00
8/21	七月初八	子寅午	23：00 至 01：00 03：00 至 05：00 11：00 至 13：00
8/22	七月初九	丑卯巳	01：00 至 03：00 05：00 至 07：00 09：00 至 11：00
8/24	七月十一	丑巳	01：00 至 03：00 09：00 至 11：00
8/28	七月十五	丑卯	01：00 至 03：00 05：00 至 07：00
8/31	七月十八	子寅午	23：00 至 01：00 03：00 至 05：00 11：00 至 13：00
9/1	七月十九	丑巳	01：00 至 03：00 09：00 至 11：00
9/3	七月廿一	丑巳	01：00 至 03：00 09：00 至 11：00
9/4	七月廿二	寅辰	03：00 至 05：00 07：00 至 09：00
9/10	七月廿八	子寅午	23：00 至 01：00 03：00 至 05：00 11：00 至 13：00
9/14	八月初二	寅辰	03：00 至 05：00 07：00 至 09：00
9/25	八月十三	丑卯巳	01：00 至 03：00 05：00 至 07：00 09：00 至 11：00
9/26	八月十四	子	23：00 至 01：00
10/1	八月十九	丑卯巳	01：00 至 03：00 05：00 至 07：00 09：00 至 11：00
10/4	八月廿二	寅辰	03：00 至 05：00 07：00 至 09：00
10/7	八月廿五	丑卯	01：00 至 03：00 05：00 至 07：00
10/8	八月廿六	子午	23：00 至 01：00 11：00 至 13：00
10/9	八月廿七	卯巳	05：00 至 07：00 09：00 至 11：00
10/11	八月廿九	丑卯巳	01：00 至 03：00 05：00 至 07：00 09：00 至 11：00
10/12	八月三十	寅午	03：00 至 05：00 11：00 至 13：00
10/13	九月初一	丑巳	01：00 至 03：00 09：00 至 11：00
10/14	九月初二	寅辰	03：00 至 05：00 07：00 至 09：00
10/18	九月初六	子辰午	23：00 至 01：00 07：00 至 09：00 11：00 至 13：00

國曆	農曆	時辰	對照時間
10/21	九月初九	丑卯巳	01：00 至 03：00 05：00 至 07：00 09：00 至 11：00
10/23	九月十一	丑巳	01：00 至 03：00 09：00 至 11：00
10/26	九月十四	子辰	23：00 至 01：00 07：00 至 09：00
10/30	九月十八	子寅午	23：00 至 01：00 03：00 至 05：00 11：00 至 13：00
11/2	九月廿一	丑巳	01：00 至 03：00 09：00 至 11：00
11/4	九月廿三	丑卯巳	01：00 至 03：00 05：00 至 07：00 09：00 至 11：00
11/6	九月廿五	丑卯	01：00 至 03：00 05：00 至 07：00
11/11	九月三十	寅午	03：00 至 05：00 11：00 至 13：00
11/14	十月初三	丑卯	01：00 至 03：00 05：00 至 07：00
11/15	十月初四	子辰	23：00 至 01：00 07：00 至 09：00
11/17	十月初六	子辰午	23：00 至 01：00 07：00 至 09：00 11：00 至 13：00
11/20	十月初九	丑卯巳	01：00 至 03：00 05：00 至 07：00 09：00 至 11：00
11/23	十月十二	寅辰	03：00 至 05：00 07：00 至 09：00
11/24	十月十三	丑卯巳	01：00 至 03：00 05：00 至 07：00 09：00 至 11：00
11/27	十月十六	子辰午	23：00 至 01：00 07：00 至 09：00 11：00 至 13：00
11/29	十月十八	子寅午	23：00 至 01：00 03：00 至 05：00 11：00 至 13：00
12/5	十月廿四	子辰	23：00 至 01：00 07：00 至 09：00
12/6	十月廿五	丑卯	01：00 至 03：00 05：00 至 07：00
12/9	十月廿八	子寅午	23：00 至 01：00 03：00 至 05：00 11：00 至 13：00

國曆	農曆	時辰	對照時間
12/10	十月廿九	丑卯巳	01：00 至 03：00 05：00 至 07：00 09：00 至 11：00
12/11	十一月初一	寅午	03：00 至 05：00 11：00 至 13：00
12/12	十一月初二	丑巳	01：00 至 03：00 09：00 至 11：00
12/15	十一月初五	子辰	23：00 至 01：00 07：00 至 09：00
12/19	十一月初九	子寅午	23：00 至 01：00 03：00 至 05：00 11：00 至 13：00
12/22	十一月十二	丑巳	01：00 至 03：00 09：00 至 11：00
12/24	十一月十四	丑卯巳	01：00 至 03：00 05：00 至 07：00 09：00 至 11：00
12/27	十一月十七	辰巳午	07：00 至 09：00 09：00 至 11：00 11：00 至 13：00
12/30	十一月二十	卯辰巳	05：00 至 07：00 07：00 至 09：00 09：00 至 11：00
12/31	十一月廿一	寅午	03：00 至 05：00 11：00 至 13：00
1/3	十一月廿四	丑卯巳	01：00 至 03：00 05：00 至 07：00 09：00 至 11：00
1/5	十一月廿六	丑卯	01：00 至 03：00 05：00 至 07：00
1/6	十一月廿七	子辰午	23：00 至 01：00 07：00 至 09：00 11：00 至 13：00
1/13	十二月初四	丑卯	01：00 至 03：00 05：00 至 07：00
1/18	十二月初九	子寅午	23：00 至 01：00 03：00 至 05：00 11：00 至 13：00
1/19	十二月初十	丑卯巳	01：00 至 03：00 05：00 至 07：00 09：00 至 11：00
1/24	十二月十五	子	23：00 至 01：00
1/30	十二月廿一	寅午	03：00 至 05：00 11：00 至 13：00
2/6	十二月廿八	卯巳	05：00 至 07：00 09：00 至 11：00

財神符的功效、使用方法和禁忌

民間俗稱的「財神爺」主要指道教天師道玄壇四大元帥之「金輪如意正一龍虎玄壇真君」趙公明元帥。趙元帥又稱為「中路武財神」，帶領四位財神「招寶天尊蕭升」、「納珍天尊曹寶」、「招財使者陳九公」、「利市仙官姚少司」，合稱「五路武財神」。趙元帥亦受命於玉皇大帝「管理財源……。至公至正」，任天上「督財府」中大元帥，掌理天下財源。

財神符功效為助人生意興隆、財源廣進。但需謹記趙元帥掌管「公平買賣」之求財利宜、和合。趙元帥又有「催快財」之譽，即可向之祈求他人所欠的債務儘速還來。

趙元帥本身不愛財，因散財而終能聚財、掌財，故如秉持誠信、行為端正、取財有道、善行者向趙元帥祈求方有所獲。

又，趙元帥掌「正財」，即命中之財。《玄壇趙元帥財神經》表示富貴貧窮均有前因，

故「今世富貴須行善，不做善事保不成。今世貧賤須安命，勤儉持家種善因」。持符者當盡孝行善，公平正義，符合趙元帥的精神，將有助於本符效力的發揮。

使用方法

請將此符張貼或懸掛於公司行號、店面之老闆辦公室、會議室，或家中神明桌、客廳、保險櫃或金庫之上方牆面上等。

使用過後，如因符毀損或其他原因欲取下，請將取下之符隨同酌量金紙焚化。

財神符使用禁忌

趙元帥易負有懲惡揚善之職，故「但有至公至正之事可以對神言者，禱之無不如意。若以非枉不正之事禱之，神必加譴。」又云「財寶不付作惡人」，故黑心廠商、彩券、賭博等不正之事勿向趙元帥祈求。

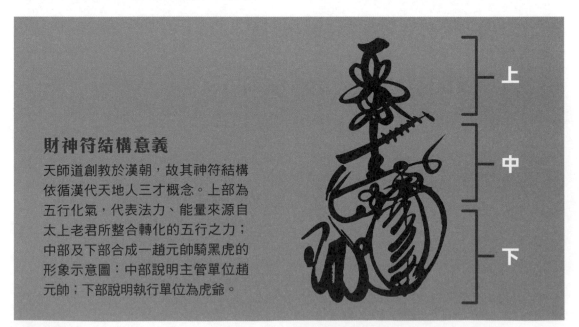

財神符結構意義

天師道創教於漢朝，故其神符結構依循漢代天地人三才概念。上部為五行化氣，代表法力、能量來源自太上老君所整合轉化的五行之力；中部及下部合成一趙元帥騎黑虎的形象示意圖：中部說明主管單位趙元帥；下部說明執行單位為虎爺。

上
中
下

財神符

特別感謝中國嗣漢張天師府第六十五代張意將天師，賜贈財神符予時報文化的讀者。
使用前請詳閱 P.30「財神符的功效、使用方法和禁忌」。

此財神符為張意將天師賜贈時報文化 · 翻印必究

祈財疏文

感謝中國嗣漢張天師府第六十五代張意將天師，賜贈疏文予時報文化的讀者。使用前請將本疏文沿線剪下，填妥姓名、生辰、宅居後，攜全張天府用印更具效力。（張天師府：彰化縣芬園鄉彰南路五段 888 號 TEL：049-2511199）

疏　文

恭以嗣漢張天師微塵應憑香信以能通聖機杳名仗誠心而可格以今恭焚寶香

奉請正一龍虎玄壇真君趙大元帥鑒赴花筵以今

謹以清香四菓之儀恭呈

金輪如意正一龍虎玄壇真君趙大元帥御前

凡有血氣莫不尊視財因神運廣利向義中生

鐵面揚威能點鐵金鞭耀武自堆金

懷寶無心常濟世點金有術可通神

銅山久種無邊樹金谷時開得意花

阜財如坐薰風裏懷寶長歸掌握中

有道生財不必壓錢金搗無私惠我何須鑄盡銅山

弟子：　　　　　　　　　　（民國　年　月　日　時生）

宅居：

尊財神護祐弟子盡收四海之財　五湖之利　乾坤之益

以衍弟子就業之功・保弟子五路之財

神靈慈悲默祐吉祥無殃　轉禍為祥　身心安泰　諸患不侵

上奉伏望

神聖朗鑒

　　　　弟子：　　　　　　叩謝

天運　年　月　日焚香叩首具疏上申

開運紅紙 請搭配 P.8 ～ P.9 的步驟使用。

黏貼於貔貅腹部

黏貼於七星盤座下方

中國嗣漢張天師府 祖天師聖像的奇蹟

2014 甲午年農曆五月十八日，正是六十五代張意將天師襲職滿五週年的紀念日，張天師府特選擇於此日為道教創始者——教祖祖天師聖像開光安座。在數百位道長、信眾的見證下，祖天師聖像開光的奇蹟，讓所有參與者嘖嘖稱奇，見證張天師府祖天師的顯赫神威。

目有三眼、雙目重瞳

張天師府祖天師聖像所顯現的奇蹟，早出現在神像原木的蒐尋、雕刻過程。首先，樹木的生長地正是江西，乃天師府的祖庭所在。而其顯現的天然紋路讓當場眾人都感到驚訝：軀幹部分正面就像古代華夏民族的衣領左肩右斜的紋路，尤其似道教仙尊所服的霞帔。神像的面部決定神像的神韻，依古法均需舉行開面儀式。張意將天師夢中所現的祖天師有三眼，但又恐無據，故蒐集古今祖天師圖像，發現自古祖天師法相既有雙眼與三眼兩種。方才理解經典中記載祖天師「目有三角」，應當意指「目有三眼」。雖然圖像和文字記載都支持張意將天師夢境所見的「三目」，但真正幫助確認的卻是神像原木本身。2013 年 11 月 27 日張意將天師主持開面儀式，稟報玉皇大帝，並請祖天師元神降臨。雕刻師傅手中的設計稿原是雙目的，但一刻到眼部，就自動說這尊神像是「三眼」的，木紋本身既已說明一切。

▲左手掌現雷紋

▲木紋本身呈現出三眼與重瞳

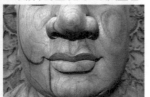

▲腮紅、人中、下巴的天然紋路

另外兩眼也有奇蹟：兩眼的紋路自然呈現重瞳。重瞳指人的眼球中出現兩個重疊瞳孔的異常現象，在相學屬於一種異相，古代傳說中具有重瞳者都是聖人，或有特殊功業者，如舜。經典中並沒有祖天師是重瞳的記載，但被稱為「列仙之儒」，開始編《道藏》的四十三代天師張宇初即被形容為「目秀雙瞳」、「重瞳百歲」。

掌有雷紋、頂有髮旋

在雕刻的過程中，神像原木不斷展現特異性。先是面部出現神奇的三眼，臉型、左右耳的耳垂都有相符的紋路、頰有腮紅、鼻有人中、寬厚的下巴紋路，更重要的是左手的雷紋。在排山掌法十二宮中，手指的中指為午宮，代表天。祖天師神像的左手中指延伸出一條紋路，下達代表地戶的手掌魚際，這條雷紋正是雷府正統的標誌。雕刻完成之後，本府人員前往拍攝，赫然發現更多細節均頗神奇，由頭頂上方往下照，居然看到髮旋。眾多的巧合，讓人不禁聯想這原木正是為祖天師聖像所準備的。

開光安座大典的奇蹟

開光安座大典在彰化教育總部舉行。前一晚彰化還在下雨，一早天氣陰、雲層厚、微雨。儀式需要引「天火」於法壇中使用，即利用放大鏡聚焦太陽光來生火，此火方為潔淨。在這種天候下，工作人員對於能否順利引到天火，心中難免忐忑。然而張意將天師安慰大家不必心急，到時自有分曉。果然法會時間一到，雲層就裂開一角，引天火成功。

▲開光安座科儀由張意將天師親自主法。

開光安座科儀由張意將天師親自主法。在眾目睽睽下，祖天師聖像眼睛上蒙了近一個月的紅紙突然彈開，此時即見祖天師三目炯炯有神。緊接著，天師即於虛空中書符，並燒化祖天師元神符為聖像入神，祖天師聖像開光安座即告完成，祖天師已經準備大顯神威，宣揚道教。

▲嶄新的祖天師聖座

我在土木工程學系畢業之後，轉型成為室內設計師，思考著如何讓業主們不僅住得開心更可以住得安心、平靜和致富；最後也就走進了累積數千年的古人智慧，和結合現代思維的人生課題和風水堪輿的專業領域。

我發現風水就是一門結合環境學、心理學和集合經驗法則的學問。也因此當有人問我，改變風水真的能改變生活嗎？真的能創造好財運嗎？我總會說：「會的，居住環境的好壞，小至個人整潔維護，大至格局、採光、通風，絕對會影響人的心境和思考，甚至影響行為和健康。」

在本書中，除了介紹基本的辦公室風水觀念，更從一般上班族的角度出發，設想到多數的上班族通常無法決定辦公室格局或擺設，所以將範圍濃縮到小上班族可以自行安排的「辦公桌風水」。以深入淺出的方式，帶各位了解書案風水。既然無法改變公司的大環境，就從個人辦公的小環境著手吧！

鄭雅勻 老師

多年來不斷精進專業，累積非常豐富的經驗，目前在台灣已成為家喻戶曉的風水命理老師，更是各大媒體及平面雜誌爭相邀約專訪和諮詢的專家；客戶遍布東南亞，在華人商界享有企業經營管理大師之盛名。

現　　任：鄭雅勻命理研究中心老師、馬明顧問公司老師
經　　歷：中華民國星相學會從業會員中星證號 0627 號
　　　　　中華星相易理堪輿師協進會第一屆台北市分會副理事長
　　　　　世貿國際會議廳天花板工程
　　　　　太平洋百貨本館外觀設計
　　　　　十岱、開封、天下工程室內設計
媒體報導：年代新聞、台視新聞、三立新聞、非凡新聞、民視消費高手、綜藝大熱門、康熙來了、Udn 攻房大挑戰、女人要有錢、國光幫幫忙、風水有關係、大學生了沒、女人我最大
專欄採訪：蘋果日報、自由時報、聯合報、蘋果地產、壹週刊地產王、智富雜誌及各大室內設計雜誌。
演　　講：富蘭克林投信、精湛公關、鋒裕投資、遠雄房屋、國立中央圖書館、翰林文教、保誠人壽、中國信託、新光銀行、永豐銀行、國泰銀行、富邦銀行、新北市政府地政局等各大企業機關，演講場次超過 400 場。
著　　作：懂風水住旺宅、鄭雅勻彩色圖解陽宅風水學、鄭雅勻陽宅造運旺旺旺、鄭雅勻姓名開運風水學、鄭雅勻居家開運花草布置
專　　長：陽宅地理、公司工廠風水、手面相卜卦、合婚擇日、招財開運印鑑、八字流年、改名命名、演講開班授課

鄭雅勻命理研究中心

預約傳真專線：02-27476388　電話：02-27476588　手機：0912571549　Line：0912571549
地　　　址：105 台北市松山區新東街 66 巷 13 號 1 樓　http://nonobuty.spaces.live.com
E-mail：nono.buty@msa.hinet.net ／ Irene3849@gmail.com

開運居家風水講堂

為感謝讀者的支持，鄭雅勻老師將開放「開運居家風水講堂」課程試聽一堂。只要憑本頁下方試聽券，即可選擇試聽以下其中一堂課程內容。活動名額有限，欲聽從速！

課程內容： 1. 古今風水智慧生
2. 吉地旺宅選主人
3. 外貌選擇學問大
4. 巧妙布局住好宅
5. 對位擺設找吉位
6. 磁場能量贏先機
7. 魔法改造住宅旺
8. 學員研討

活動辦法：請選擇一堂欲試聽課程，電洽鄭雅勻老師辦公室（02-27476588）報名，確認上課日期、時間及地點。報名成功後即可於課程當日，攜帶試聽券至課程地點入場。

注意事項： 1. 本活動於即日起～ 2015 年 6 月 30 日截止。
2. 若有其他疑問，請洽鄭雅勻老師辦公室專線：02-27476588。
3. 鄭雅勻老師辦公室保有修改試聽課程及活動辦法變更之權利。

開運居家風水講堂試聽券（價值 800 元）

我要試聽：☐古今風水智慧生　☐吉地旺宅選主人　☐外貌選擇學問大
☐巧妙布局住好宅　☐對位擺設找吉位　☐磁場能量贏先機
☐魔法改造住宅旺　☐學員研討

優生活 11

財運大開貔貅三寶：職場順利風水這樣擺就對了！

迎富送窮、招貴人、退小人

作　　者──Unique Life

內容審定──鄭雅勻

主　　編──陳秀娟

責任編輯──楊淑媚

封面設計──葉若蒂

內頁設計──林曉涵

攝　　影──林永銘

校　　對──楊淑媚

行銷企劃──塗幸儀

董 事 長
總 經 理 ──趙政岷

優 活 線
編輯總監 ──梁芳春

出 版 者──時報文化出版企業股份有限公司

　　　　　10803 臺北市和平西路 3 段 240 號 7 樓

　　　　　發 行 專 線─（02）2306-6842

　　　　　讀者服務專線─ 0800-231-705・（02）2304-7103

　　　　　讀者服務傳真─（02）2304-6858

　　　　　郵　　　　撥─ 19344724　時報文化出版公司

　　　　　信　　　　箱─ 臺北郵政 79-99 信箱

時 報 悅 讀 網─http://www.readingtimes.com.tw

電子郵件信箱─books@readingtimes.com.tw

第三編輯部優活線信箱─yoho@readingtimes.com.tw

法律顧問─理律法律事務所 陳長文律師、李念祖律師

印　　刷─詠豐印刷有限公司

初版一刷─2015 年 2 月 6 日

定　　價─新臺幣 388 元

行政院新聞局局版北市業字第八〇號

版權所有・翻印必究（缺頁或破損的書，請寄回更換）

國家圖書館出版品預行編目資料

財運大開貔貅三寶：職場順利風水這樣擺就對了！ /
Unique Life作; .-- 初版. -- 臺北市：時報文化, 2014.11
ISBN 978-957-13-6191-8 (平裝)
1.相宅 2.改運法 3.辦公室

294.1　　　　　　　　　　　　　　104000798

ISBN 978-957-13-6191-8
Printed in Taiwan